– RECHT und WAHRHEIT –

Dieses Buch widme ich meiner Frau Rita, die mich zeit ihres Lebens bei meiner oftmals beruflich gefährlichen Tätigkeit ohne Wenn und Aber unterstützt hat. Ebenso stand sie mir bei meiner *Passion* »Schreiben« mit Rat und Tat zur Seite!

Mein besonderer Dank gilt einer jungen Buchhändlerin aus Eiderstedt, Frau Sabine Reichel, die mit ihren fachkundigen Ratschlägen zur Entstehung meines Lyrikbändchens beigetragen hat.

ARNOLD SCHWARZ

– RECHT und WAHRHEIT –

gegen den Strom, gegen den Wind

Ich sage es durch die
»BLAUE BLUME«

Bibliografische Information der Deutschen Bibliothek:
Die Deutsche Bibliothek verzeichnet diese Publikation in der
Deutschen Nationalbibliografie; detaillierte Informationen sind im
Internet über
<http://dnb.ddb.de> abrufbar.

© 2005 Arnold Schwarz
Herstellung und Verlag: Books on Demand GmbH, Norderstedt
ISBN 3-8334-4020-1

Inhalt

Einleitung

Ein Leben lang hatte ich in den Fluren weit in der Wildnis und in riesigen Wäldern und in den Gipfeln der Einsamkeit die geheimnisvolle »Blaue Blume« der Weisheit gesucht, aber nicht gefunden.

Wahrscheinlich bin ich auch an dem Baum der Erkenntnis vorbeigewandert, ohne ihn und die Lösung erkannt zu haben.

Ja, ich war ein neugieriger Wandervogel, mein Feld war die Welt.

Ich habe auch hinter den Schatten der Sonne geschaut und vieles entdeckt, aber, was ich lange suchte, nicht gefunden.

Oftmals läuft man mit Scheuklappen durch die Welt, so auch ich.

Das Leben war voller Gefahren, doch das schreckte mich nicht.

Als ich jedoch das letzte Mal dem Tod von der Schippe sprang, sagte mir eine innere Stimme:

Du hast im Leben viel gesehen, erfahren und erlebt, gib dein Wissen weiter, das ist das Geheimnis um die blaue Blume, der Sinn deines Lebens.

Ja, was ist mein Wissen?

Ich habe mich für Recht und Ordnung eingesetzt. Auch habe ich über den Horizont hinausgeschaut, das heißt andere Länder kennengelernt, doch nicht nur als Tourist, sondern auch lange Jahre dort gelebt. So habe ich auch Ungewöhnliches dort gesehen und erlebt. – Es war auch

Rätselhaftes dabei. Da viele Jahre vergangen sind, kann und darf ich darüber reden.

Nun, ich habe eigentlich auch kaum Angst gekannt, deshalb ist Zivilcourage für mich kein leeres Wort und einen Maulkorb laß ich mir nicht anlegen!

Sie werden es in den nachfolgenden kritischen Gedichten, Berichten und Geschichten lesen. Vielleicht wird meine Stimme gehört und verstanden.

Urteilen Sie selbst!

Verständigung

Willst du nicht mein Bruder sein,
dann schlag ich dir den Schädel ein.
Sagst du die Wahrheit, bist du ein Hetzer,
Ketzer – also, dann machst du dich auf den Weg
    nach Canossa!

Machst du etwas Ungewöhnliches, was man nicht versteht oder nicht verstehen will, dann mach dich langsam bereit für den Scheiterhaufen. Früher war das noch anders, als die Menschen noch nicht aufgeklärt waren wie wir heute. Stimmt es oder hab ich »Recht«.

Natürlich kann man nicht alles so hinnehmen. So kann man jemanden auch totschweigen und muß ihn nicht gleich totschlagen.

Wenn einer nicht mit unseren Vorstellungen einverstanden ist und sich auch in keiner Weise anpassen kann, dann soll man ihn nicht gleich verbrennen. – Man kann ihn ja feuern (nicht verfeuern), das heißt, man muß ihn nicht gleich auf den Scheiterhaufen stellen und verbrennen! »Feuern« heißt ja heute, nicht am Gehen hindern. Dazu kann man ihn sogar noch alles Gute für die Zukunft wünschen. – Welcher eigentlich? Man muß ja auch nicht alle Mitmenschen gleich umarmen, kann man ihn doch nur meiden, wenn er nicht zu uns, der Gesellschaft, paßt! Er sollte sich auch nicht gleich angegriffen fühlen, wenn wir ihm mal die Wahrheit gesagt haben, das heißt also, wo es längs geht.

Da sollte doch einer, der alles nicht gleich kapiert, einen »Klaps« auf die Wange vertragen können, und wenn er vernünftig ist, sollte er auch die andere Wange hinhalten.

Es ist doch alles viel einfacher, wenn man sich anpaßt!

Oft wird auch noch immer mit dem »Fremdwort« Zivilcourage um sich geschmissen. – Diese Fremdworte passen uns nicht.

Mal ganz »ehrlich«: nach dem Mund reden ist doch besser als den Mund halten oder den Mund zu weit aufmachen.

Immer stocksteif daher gehen ist auch nicht gut, man muß sich auch mal bücken können. – Wenn wir mal den Grund suchen, müssen wir ja auch mal kriechen.

Siehst du, Bruder oder Schwester, wir verstehen uns doch!?!

Recht und Wahrheit

Ursachen der Gewalt

Wenn von zehn einer recht hat,
neun andre sagen »nein«,
dann kann es nicht recht gewesen sein.

Sagt einer die Wahrheit,
neun andre sagen: »Das kann gar nicht sein«,
dann wird's auch nicht wahr gewesen sein.

Alle hören und seh'n nichts,
oh, was sind sie gemein,
dann stehst Du allein da, mit Deinem Latein.

Drum merk' es Dir, in dieser Zeit,
mit dem Recht und der Wahrheit,
ja, damit kommst Du nicht weit.

Unrecht gab's zu jeder Zeit,
auch Unwahrheit und Lug und Trug,
doch scheinbar war's noch nicht genug.

Was müssen wir alle daraus erlernen:
Unrecht und Unwahrheit
kann man nicht aus dieser Welt entfernen.

Die vorher das Recht und die Wahrheit vertraten,
werden Recht- und Gesetzlose,
von ihren Nachbarn verraten.

Zum Überleben nehmen sie sich das Recht,
auch mit Gewalt, was sie vorher nicht taten.
Eine Ursache mehr für böse Saaten.

Gegen den Strom, gegen den Wind

Mit dem Strom schwimmt es sich leicht,
man Hindernissen gleich ausweicht.
Wenn man sich dann auch recht besinnt,
segelt man leichter mit dem Wind.

Denkt man dann etwas weiter dann,
paßt man sich ganz der Strömung an.
Gerät man dann in einen Sturm,
verkriecht man sich, so wie ein Wurm.

So kann einem nicht viel gescheh'n,
man ist ja auch nicht mehr zu seh'n.
Das Leben ist ja so gemein,
man macht sich besser winzig klein.

Gibt einer seine Meinung kund,
so gib ihm recht auch ohne Grund.
Es ist viel leichter »ja« zu sagen
als eigne Ansicht vorzutragen.

Doch sei ein Mann und auch kein Wurm,
und sieh gerade – auch im Sturm!
Kreuze auch mal gegen den Wind –
eine andre Zeit für Dich beginnt.
Schwimme auch mal gegen den Strom,
dann fühlst Du Dich viel besser schon.

Lebe Dein Leben auf Deine Art,
schmier niemand Honig um den Bart,
Du lebst nur einmal, Menschenskind,
auch mit Erfolg – gegen Strom und Wind.

Frei

Um frei zu sein, mußt Du gehorchen lernen,
bist von der Freiheit weit, weit entfernt.
Man sagt Dir, was Du tun mußt, was richtig oder
      falsch ist,
Du hast gearbeitet und gelernt.

Vieles hast Du von der Welt gesehn, hast gebüffelt
      und studiert –
auch das ist eines Tags vorbei!
Das Arbeitsleben ist vergangen, viel Mühe hast
      Du hinter Dir,
jetzt fühlst Du Dich ein bißchen frei.

Bald stellst Du fest, du bist es nicht! Du warst
      zuviel manipuliert,
jetzt mußt Du wieder denken lernen.
Du stellst Dir Fragen, vielerlei, und meditierst,
      suchst zu begreifen –
die Antwort liegt noch in den Sternen.

Du fragst, wer ist frei, ist es der Schmetterling,
      der Vogel im Wind?
Wo ist die Freiheit grenzenlos?
Gibt es Freiheit überhaupt im Leben? – Du kannst
      doch Deine Meinung sagen.

Warum tust Du's nicht, was ist mit Dir los?
Du hast zuviel Falsches im Leben gelernt und
        weißt nicht, was Zivilcourage ist,
bist Du feige, zum Gehorchen geboren?

Wenn das alles so ist, war Dein Leben umsonst,
        hast ohne Sinn gelebt,
hättest jetzt Freiheit gehabt und sie schon verloren!!!
Wie ist Dein Leben doch vergangen; Du wußtest
        nicht, was Freiheit ist.

Bald ist es ja für Dich vorbei.
Doch eine Hoffnung hast Du noch, wenn Du
        Dein Leben ausgehaucht:
dann bist Du endlich, endlich frei.

Schnabel

Liebe Leute laßt euch sagen,
die Uhr hat 5 vor 12 geschlagen!

Vor langer Zeit, beim Turmbau zu Babel,
da hielten die Menschen schon nicht ihren Schnabel.

Heute, ihr Leute, ihr glaubt es wohl nicht,
halten die Leute ihren Schnabel dicht.

Viele trauen sich nicht die Wahrheit zu sagen,
denn viele können diese auch nicht mehr vertragen.

Doch es ist an der Zeit, nach der Wahrheit zu fragen,
gerade in den jetzigen Tagen.

Deshalb als freier Mensch und als Christ
rede ich so, wie mir mein Schnabel gewachsen ist.

Wir haben nicht mehr die Zeit, uns auszuruhn,
es gibt auf der Welt noch vieles zu tun!

Wenn die Uhr auf der zwölften Stunde steht,
dann ist es für unsere Erde zu spät.

Besinnt euch auf alte Tugenden, kehrt zur Ordnung
        zurück,
nur so können wir überleben, in Frieden und Glück!

in »vino veritas«

Was ist wichtig, was ist richtig?
Ist es der Mann – ist es die Frau?
Waren lange Jahre richtig,
niemand weiß es ganz genau.

Es heißt, alles ist zu ersetzen,
mit was andrem – ja, mit was?
Aus Hoffnung folgt Entsetzen,
ist es Ernst, ist es Spaß?

Man sollte niemanden unterschätzen,
besser ist's, man tut es nicht.
Auch heimlich die Klinge wetzen,
der Krug geht solange zum Wasser, bis er bricht.

Liegt die Wahrheit im Wein?
Auf dem Grund mußt du suchen,
dann fällt dir auch die Lösung ein!

Freiheit

Freiheit –
die ich meine,
ist für mich nicht nur alleine,
sondern sie ist wohl auch Deine.
Freiheit im Denken, Reden und Tun
steckt immer noch in den Kinderschuhn.
Das ist ja nicht neu, was sagst Du nun?
Denk doch mal nach über Dein Leben,
wann hat es da wirklich Freiheit gegeben?
Hast Du sie erreicht durch Schaffen und Streben?
Hast Du Dich nicht meistens »angepaßt«,
damit Du mal etwas Freiheit hast?
Dann hast Du Dich und »diese« Freiheit gehaßt!
Man singt doch: »Der Gott der Eisen wachsen ließ,
der wollte keine Knechte.
Drum gab er jedem Schwert und Spieß,
dem Mann in seine Rechte.
Drum gab er ihm den kühnen Mut,
den Mut der freien Rede,
daß er bestünde bis zum Tod,
bis in den Tod die Fehde!«
Das heißt, Du kannst die Freiheit nur erreichen,
wenn Deine Feinde der Freiheit weichen.
Oft stehst Du da allein, ohne deinesgleichen!
Ja, und hast Du erreicht,
daß einer von Deinen Feinden weicht,
vielleicht kommt dann der nächste, verstehe
        mich recht,

der »prüft« Dich dann wieder, der Mensch ist
      oft schlecht.
Doch sei nicht gleich ein Pessimist,
besser Du weißt, wie's mit der Freiheit ist.
Da mußt Du direkt durch in Deinem Leben,
Freiheit hat es nie umsonst gegeben.
So strebe nach Unabhängigkeit,
dann ist auch die Freiheit nicht mehr weit.
Du brauchst dann nur noch » ja« zu sagen,
wenn andere Meinungen sich mit der deinen
      vertragen.
verträgt dieses »Ja« sich auch mit dem Recht,
dann bist Du nicht mehr anderer Leute Knecht.
Dann endlich, endlich ist es soweit,
was Du immer wolltest, jetzt bist Du bereit
für das Höchste im Leben – die erstrebte Freiheit!

Leid und Freud

Leid und Freud und vielerlei
gibt es auf der Welt,
doch so ganz und gar nebenbei
gibt es auch noch Geld.

Da gibt's viele, die noch hoffen
und nach vielen harten Jahren,
obwohl sie war'n schon oft betroffen,
doch noch für die Zukunft sparen.

So seltsam ist das Leben
auf dieser heilen Welt,
das ganze Leben dreht sich
hauptsächlich nur ums Geld.

Doch wenige sind Idealisten,
welche Reichtum nicht begehren.
Wo sind die überzeugten Christen,
die statt Geld ihr Heil vermehren?

Zeit

Alles ist schon gewesen,
alles hat seine Zeit.
Wir wollen es ändern,
doch es kommt nicht soweit.

Wir sind immer in Eile,
und wir sehn nicht so weit,
es geht nur mit Weile,
alles braucht seine Zeit.

Von Frühling bis Winter,
in bunt oder weiß,
ihr kommt noch dahinter:
Alles zu seiner Zeit.

Wir sollten es wissen
und immer bereit.
Es wird uns nicht missen,
es kommt mal die Zeit.

In der jetzigen Zeit

Gitter, Kerkermauern, Moderduft,
eingesperrt in einer Gruft,
ist das Ziel vieler Völker und Rassen,
Menschen in Not, im Elend, verlassen.

Hunger, Raubmord, Seuchen und Tod,
Kälte, Hitze, kein Wasser, kein Brot,
Wohnungsnot, im Alter verlassen,
kein Zuhause, ein Leben in Gassen.

Warum, denkt jeder, muß das so sein?
Warum, fragt sich jeder, all diese Pein?
Warum hier Reichtum und da Not?
Warum einmal Verschwendung, wo der andre
        kein Brot?

Die Vertreibung der »Black Birds«

Vor vielen Jahren lebte ich in der Nähe des »Six Nations Reservat in Kanada. Dort waren sechs Stämme der »Rothäute« am Grand River, der in den Erie-See fließt, angesiedelt. – Die Vertreibung unserer roten Brüder fand dorthin schon vor langer Zeit statt, das heißt, sie mußten ihre Stammesgebiete verlassen, und somit waren sie zunächst heimatlos.

Eine große Vertreibung erlebten wir Deutschen ja selbst, in diesem Falle waren es unsere eigenen Landsleute im Osten.

Kürzlich erlebte ich in jetziger Zeit wieder eine kleine Vertreibung und mußte mitansehen, wie eine kleine Idylle zerstört wurde. – Wieder verloren viele ihre Heimat, es war ein Gebiet der »Black Birds«! –

Da man jedoch nicht gerne »die Schwarzen« sagt, – ich weiß das noch aus der Zeit, als ich in Nordamerika lebte, sagen wir auch hier lieber, wie auch drüben, die »Farbigen bzw. the colored …« –

Ja und dieses Mal war wirklich ein farbiges Völkchen davon betroffen. Sie hatten niemanden belästigt oder gar gestört. Auch waren sie ein nützliches Volk und haben vielen Menschen viel Freude bereitet. Aber der »Große Geist« wollte es so, und sie konnten sich auch nicht wehren.

Ja, und wie vertreibt man ein Volk? – Nun, indem man die Lebensgrundlage zerstört, so wie es auch in diesem Fall geschah.

Diese Aktion war wohl schon lange vorher heimlich geplant.

Dieses wurde dann plötzlich und systematisch durchgeführt.

So wurden, unverhofft für alle, riesige Bäume gefällt und das war nun der Todesstoß, denn diese Bäume boten ja bis zum bitteren Schluß den letzten Schutz.

Den angrenzenden Menschen wollte man nach dieser Überraschungsaktion noch weismachen, daß diese Bäume »oben schon krank« wären. – Das konnte ich jedoch nicht erkennen.

Mein Kommentar zu dieser Begründung war: Wenn alle die »oben krank« sind, so behandelt würden, würden viele ohne Kopf herumlaufen bzw. beseitigt sein, und wo würde das wohl hinführen?

Ach – jetzt fällt mir auf, ich hatte ja noch gar nicht erwähnt, wer vertrieben wurde. – Also, es waren dieses Mal keine Menschen, sondern »nur« Vögel, das heißt zum Beispiel ein Krähenpaar, welches schon Jahre dort lebte und jedes Jahr ihre Jungen dort aufzog, und dieses zur Freude der angrenzenden Anwohner, also der Menschen.

Es war dort aber auch die Anflugstelle bzw. der Durchreiseort von vielen hundert Staren. – Das waren also die »Black Birds«. – Die Farbigen waren dann noch die Spechte und Singvögel.

Jetzt möchten sie wohl auch gerne wissen, wie die Vertreibung geschah? – Nun ja, wie vorher schon geschrieben, unverhofft und unter unseren Augen.

Ich kann mich noch an einen Film erinnern, der hieß: »Es geschah am hellichten Tage«! – – –

Böse Menschen hätten sogar gesagt, daß sie einen Film in Erinnerung haben: »Die Verbrecher sind unter uns«!

So etwas würde ich jedoch niemals sagen, denken Sie doch einmal an die Folgen.

Heile Welt

Wann war sie gut, wann war sie heil, die Welt,
            in der wir leben?
Wie dachten unsere Ahnen darüber in uralter Zeit?
Sie fürchteten sich vor Feuer und Sturm
und unbekannten Beben.

Die Hitze kam, die Kälte, die Dunkelheit und
            ewiges Eis.
Die Menschen lebten in Höhlen.
Das konnte nur das Ende sein.
War das der Sünden hoher Preis?

Doch auch dieses verging, es kam bald die große Flut.
Alles drängte zu den Höhen und Bergen.
Es gab viel Leid, Tod und Not,
doch alles wurde wieder gut.

Das Feuerroß kam wie Wotan daher, die Welt war
            wohl zum Tode verbannt.
Furcht kehrte ein bei den Promitiven.
Aber alles war unnötig, die Angst umsonst,
man hatte die Situation verkannt.

Dann kam der Donner aus großen Rohren, es gab
            so manchen lauten Knall.
Wieder glaubte man an das Ende der Welt.
Doch auch jetzt war's nicht soweit,
er war noch nicht da, der »Fall«.

Nun kamen die Gifte und der Schmutz, die
            Umwelt erlebte, was vorher nicht war.
Die Menschheit schwamm in Armut und Geld.
Das Ende ist wieder einmal nah' –
nicht wahr?

Blitze

Wenn ich so auf der Banke sitze,
treffen mich oft Gedankenblitze.
Damit sie auch erhalten bleiben,
werd' ich sie einfach niederschreiben.

Blitze schlagen manchmal ein,
wie könnte es auch anders sein.
Sie sind auch manchmal nicht bequem,
das werdet ihr doch wohl verstehn.

Der Donner kommt auf jeden Fall
öfter auch mit Widerhall.
Ja, Wetterleuchten gibt es auch,
doch dies ist weder Schall noch Rauch.

Hütet euch doch vor dem Blitz
dann wird's ernst, das ist kein Witz
mußt rechtzeitig in Deckung gehen,
sonst ist es bald um Dich geschehn!

Weißes Haus

Es zog ihn in die Welt hinaus,
und ich glaub es kaum, jetzt sitzt er im
        »Weißen Haus«. –
Ein harter Krieger war er auch. Als Idealist
muß man das sein. Zum Schutze der Heimat, des
Volkes und der freien Welt.
Es geht um Freiheit und Ehre, nicht um Geld.
Doch in einer Welt von Lug und Trug
ist das noch lange nicht genug.
Bist du erst in der Politik,
dann führt kein Weg daraus zurück.
Politik ist die Fortsetzung des Krieges mit anderen
        Mitteln,
so stand es geschrieben in großen Titeln! –
Nun hältst du die Geschicke in deiner Hand,
in diesem, deinem Vaterland.
Du versuchst zu führen mit Herz und Verstand,
doch oftmals rennst du gegen die Wand.
Was nützt dir all dein guter Wille,
sie sägen den Ast ab, dann ist es stille.
Wenn du dann erst am Boden liegst,
dann siehst du ein, was du nun für deine
        Mühe kriegst.
Die dich einst hofierten, ziehn sich zurück,
nimm es nicht tragisch, es ist nur dein Glück.
Besser ist's, du hast's erkannt, eh' daß du dich total
        verrannt.

Es kommt die Zeit, dann ist es aus,
du ziehst aus diesem Haus heraus.
Ein anderer, der wartet schon,
der kriegt wie du auch seinen Lohn.

Menschen

Ein Mensch, der umstritten war und nicht geliebt wurde, wurde nach seinem Tod doch plötzlich ein guter, lieber Mensch und war Vorbild noch dazu.

Ein Mensch, der von jedem gegrüßt und mit Lob überhäuft wurde, war, nachdem er in die Fremde ging, immer schon (so sagt man dann) ein verdächtiger Mensch.

Was ist besser – ein Toter oder ein lebender Nestflügler – Mensch? Selbst das »Mensch ärgere dich nicht« ist menschlicher. Menschenskind noch einmal, was sind wir eigentlich doch für Menschen.

Sagt man nicht auch, »es menschelt«? – Können Tiere auch menscheln? Nein, aber Tiere können tierisch sein, aber Menschen können auch wie Tiere sein! Sie sind richtig »tierisch Mensch«. Ja, ja, dann ist der Mensch auch noch das Ebenbild Gottes (wird behauptet). Doch göttlich kann doch nicht menschlich sein.

– Du sollst den Namen Gottes nicht verunehren, »Mensch, du bist nicht Gott oder gottähnlich, sondern nur ein Erdenwurm – ein Mensch«. Haben Würmer denn auch eine Seele? – Man weiß es nicht. – Und der Mensch? –

Lastenausgleich

Das Leben kann viel schöner sein,
geht man den Lebensweg zu zwei'n
und jeder sollt', ohne zu fragen,
seines Partners Last mittragen.

Kleine Leute

Der » Kleine Mann«, die »Kleine Frau«
müssen bezahlen, es stimmt genau!
Was Profitgier und Politik verbockt,
dafür werden sie dann abgezockt.

Die »Kleinen Leute« sind arm dran,
man nimmt sie ganz gehörig ran.
Steuern, ja, die müssen sein,
doch nicht ausbluten wie ein Schwein.

Arbeit sollte sich noch lohnen,
warum muß man überteuert wohnen.
Der Standart sinkt auf »Minimum«,
das bringt uns zwar nicht gerade um,
doch landet man im »tiefsten Tal«,
dann ist es aus mit der Moral!

Deshalb also fordern wir,
behandelt uns nicht wie ein Tier.
Auch diese haben ihre Rechte,
doch haltet uns auch nicht für Knechte.

Alle sind abhängig voneinander,
werft diese Ordnung nicht durcheinander.
Alle kommen nackt auf diese Welt,
und sie verlassen sie auch ohne Geld.
Reichtum nützt nichts am Ende des Lebens,
wenn du das nicht begreifst, war dein Leben
        vergebens!

Geld

Er hatte viel Geld und galt als Held,
doch die Zeit, die hatte ihr Urteil gefällt,
denn was man heute für Reichtum hält
in dieser schönen, verfluchten Welt,
gilt solange, bis man vom Sockel fällt!

Schall und Rauch

Trotz Politikerreden, die Umwelt meucheln,
mit Schreiben und Gesetzen Abhilfe heucheln.
Man sitzt so gerne am Kamin –
Rauch und Gifte in den Himmel ziehn.
Wie schön ist's doch erst recht beim Grillen,
Wünsche soll man sich erfüllen.

Was kümmert mich ein bißchen Rauch,
andre tun's bekanntlich auch.
Musik dazu, die braucht man auch,
es ist nun mal ein alter Brauch.
Geht es mal durch die ganze Nacht,
andre haben's ja auch gemacht.

Jeder denkt ja nur an sich,
ich allerdings denk nur an mich.
Ob Rauch, ob Lärm oder gar Schwaden,
was soll's, das bißchen kann nicht schaden.
Die Leute denken zuviel nach,
das ist es, was ich gar nicht mag.

War es so schlimm, wie man so sagt,
dann hätte man's doch nicht vertagt.
Es steht doch alles auf dem Papier,
auch einen Minister gibt's dafür.
Beamte fassen die Entwürfe,
damit man wisse, was man dürfe.

Alles ist bei uns geregelt,
damit auch nichts den Bach absegelt.
Der Bach soll 'ne Kloake sein?
Dann schütt' doch nicht so viel hinein!
Und Wasser haben wir genug, auch hier.
Wird es mal knapp, trink ich halt Bier.

Fest auf dem Boden soll man stehn,
man kann auch über Asphalt gehn.
Warum sich erst mit Lehm abplagen,
da fahr ich lieber mit dem Wagen.
Wenn's auch nur wegen Zigaretten ist,
besser als zu Fuß so durch den Mist.

So gehn wir alle mit der Zeit,
noch ist es prima weit und breit.
Die Welt ist doch noch heil und groß,
was wollen die paar Spinner bloß.
Die Sonne scheint noch immer heiter,
die heile Welt, die dreht sich weiter.

In Büchern es geschrieben steht,
wie es in Zukunft weitergeht.
Die Politik sorgt ja dafür,
wir haben's schriftlich auf Papier.
Deshalb wart' ich erst mal ab,
lach' mich über die Spinner schlapp.

Warum soll ich mehr als andre tun,
auch ich werd' mich am Kamin ausruhn.
Andre denken ja für mich,
ich aber denke nur an mich.
Auch Politiker sind des Lebens froh,
und heucheln weiter, sowieso …

Narrenzeit

1   Liebe Leut es ist soweit,
in Deutschland, da herrscht Narrenzeit.
Liebe Narren laßt euch sagen, es ist bald nicht mehr
zu ertragen.
Die Politik, ob »schwarz – ob rot«,
die macht uns alle mausetot.
– Seht euch doch mal 'ne Zeitung an,
wir sitzen all auf dem Vulkan.
Ja, wir sitzen all im selben Boot,
wenn es erst sinkt, dann sind wir tot!

2   Wir haben bald nur kranke Kinder,
von wegen der verseuchten Rinder.
Was brauchen wir den Rindimport,
Rindviecher haben wir selbst »vor Ort«.
Sie sitzen auch im Parlament,
ein jeder ihre Namen kennt.
– Seht euch doch mal …

3   Ein großes Thema ist die Steuer,
was sich da tut, ist ungeheuer.
Auch an die Renten will man ran,
was glaubt ihr, was man alles kann.
Ich will euch hier mal was erzählen,
tut diese Leute einfach nicht mehr wählen.
– Seht euch doch mal …

4 Auch der Gesundheit, unser höchstes Gut,
   man im Moment Gewalt antut.
   Wir mußten es schon lang erfahren,
   auf unsre Kosten will man sparen.
   Die Bonzen werden dick und fett,
   ja, das find ich überhaupt nicht nett.
   – Seht euch doch mal …

5 Drum geb ich euch nun diesen Rat,
   schreitet endlich mal zur Tat.
   Zeigt doch den »Narren«, wer wir sind,
   sagt ihnen mal : »Ich glaub, ihr spinnt!« –
   Was kommt euch eigentlich in den Sinn,
   wir nehmen nicht mehr alles hin.
   – Euch setzen wir auf den Vulkan,
   für das, was ihr uns angetan.
   Wenn das nicht reicht, kommt ihr ins Boot,
   dann seid auch ihr einmal in Not!

Rücksichtslos

Was ist denn in dem Haus dort los,
man wird gestört bis in die Nacht.
Ja, das kommt von Herrn Rücksichtslos,
der so was schon sehr lange macht.

Sein Fernsehn läuft auf volle Pulle,
die Nachbarn kommen um den Schlaf.
Das kümmert nicht den alten Schrulle,
er bild't sich ein, daß er das darf.

Er pocht auf seinen alten Titel,
und glaubt an Klassenunterschied;
und meint dazu, daß seine Mittel,
berechtigen zu diesem »Schiet«!

Jeder der dort Ruhe sucht,
ob Mann, ob Frau, ob Ehepaar,
hat diesen bösen Herrn verflucht,
so geht das jetzt schon Jahr für Jahr.

Man wünscht ihm vieles und dazu,
daß er sehr bald zum Teufel geh,
und wünscht ihm seine ew'ge Ruh,
so daß man ihn nicht wiederseh!

Lug und Trug

Das Leben ist doch wirklich toll,
manchmal hat man die Schnauze voll.
Vieles ist oft Lug und Trug,
doch davon hat man bald genug.
Was soll denn alles noch geschehn?
Wie soll es denn noch weitergehn?
Das Kind soll man beim Namen nennen,
dann heißt es, Farbe zu bekennen!
Katastrophen wird es geben,
kurz wacht man auf, so ist es eben.
Wacht man wirklich auf in dieser Zeit,
doch zum Ändern ist man nicht bereit.
Wird das dann weiterhin geschehn,
so wird die Welt zum Teufel gehen.
Hat denn der Mensch wohl gar kein Hirn,
dann schimpf auch ich »Himmel, Arsch und Zwirn!« –
Bin ich am End' mit meinem Latein,
muß ich nun in die Nacht reinschrein:
»Jetzt weiß auch ich, daß ich nichts weiß,
ich bin auf einem toten Gleis!« –
Man wird mir, hoff ich nicht, das »Letzte« rauben,
führt mich zurück zum rechten Glauben.

Verloren,

Ja, so kam ich mir vor,
vielleicht leihst Du mir,
ich hoffe, Dein Ohr.
Ich kenne Dich eigentlich
noch nicht,
doch Deine Augen sind für
mich wie ein Licht.
Auch sehe ich sie in der
Dunkelheit,
Du bist so nah und doch so
weit.
Vielleicht kommt mehr Licht
an »einem Tag«,
ganz einfach so, weil ich
Dich mag! –

Spinnen –

sind eklig, sagen so manche Leut.
Sie sind meine Freunde, schon seit
sehr langer Zeit.
Auch sind Spinnen Künstler, seht
ihnen mal zu,
sie bauen ein Kunstwerk und das
schon im Nu.
Ganz ohne Zeichnung oder sichtbaren
Plan
erschaffen sie etwas, was sonst
keiner kann.
Unser Hirn ist zwar größer, manchmal
»nichts drin«,
überleg deine Worte und sage nie:
»Ich glaube, ich spinn!«

Pantoffel

Es gibt sogar da richtige Helden,
alle bitte, bitte melden.
Dazu wurdet ihr einmal gemacht,
leider, die ganze Welt nun über euch lacht.

Die eigene Frau weiß es genau, wie die sich freut,
er weiß es auch, hat's längst bereut.
Doch er hütet halt das eigne Nest,
für die Kinder ist es ja »the best«! –

Sie, jeder weiß *wohl* ihren Namen,
sie ist eine von den schönen Damen.
Was sie kann ist delegieren,
selbst jedoch nichts ausprobieren.

Die Arbeit im Haus ist nicht so wichtig,
sie hat »Besseres« zu tun, und das ist richtig.
Für Banales da sind andre da,
zuerst der Held, dann die Mamma.

Allmählich wird das Nest dann leer,
die »Kleinen« brauchen den Held nicht mehr.
Er steht jetzt vor dem leeren Nest.
Das gibt ihm dann auch noch den Rest.

Nun sitzt er traurig da herum,
dabei ist er doch gar nicht dumm.
Er hat es doch nur gut gemeint,
jetzt wird nur noch ganz stumm geweint.

Warum hat er auf andre nicht gehört.
Er ist verzweifelt und empört.
Vielleicht liest er diese Verse vorher,
so wie sie sind,
denn er lebt nur einmal – »Menschenskind!«

Aus …

Aus den Augen, aus dem Sinn.
In diesem Satz ist Wahrheit drin!
Die »Jungen« werden's auch erfahren,
vielleicht jedoch nach vielen Jahren.

Hat man viele Freunde, wie man meint,
dann merkt man bald, was wirklich eint.
Geselligkeit, Tür auf, Tür zu,
endlich hat man seine Ruh.

Man denkt nach, wie alles begann,
aus der Entfernung aber merkt man dann,
das alles war doch wirklich Schein,
man schwor sich Treue, auf Mark und Bein.

Mit Abstand erst erkennt man dann,
an dieser Freundschaft war nichts dran.
Man fühlt sich wohl im neuen Haus,
ist froh über den Fakt, über das »Aus«!

Rückblick

Das Leben ist Kampf,
das wissen wir alle.
Manchmal ist es auch Krampf,
man sitzt in der Falle.

In der Jugend lebt man im Heut,
hat Ideale, glaubt an die Zukunft.
Doch eines Tages ist es soweit,
man lebt meist nur noch von der Hoffnung.

Der ständige Kampf ums tägliche Brot,
den manch einer führt für Frau und Kind,
geboren wurd' er aus Sorge und Not,
weil manche vom Schicksal verlassen sind.

Ist er überstanden, all dieser Kampf.
Glaubst Du Dein Ziel erreicht zu haben.
Dann sei vorsichtig, denk an den Krampf,
sonst betrügt man Dich um des Alters Gaben.

Blickst Du zurück und stellst dann fest,
daß Du trotz Arbeit nichts erreichst,
ein geliebter Mensch gab Dir den Rest,
wirst sehn, wie Du dann noch erbleichst.

Dann hast Du ein Leben lang geträumt.
Du lebtest zu lang mit Idealen.
Viel hast Du dadurch selbst versäumt
und lebst fortan in Sorg' und Qualen.

Phasen

Neugier ist's in jungen Jahren,
um die Welt bloß zu verstehn,
stellen Kinder ihre Fragen,
wie sie's mit ihren Augen sehn.

Weht der Wind uns um die Nase,
lernen wir sehr viel dazu
in der zweiten Lebensphase,
doch die Zeit verrinnt im »Nu«!

Erfahren, wie wir dann bald sind,
geben unser Wissen weiter,
gestern waren wir noch Kind,
heute sind wir Wegbereiter.

Doch bald folgt der letzte Schritt,
manches können wir nicht verstehn,
wir kommen mit der Zeit nicht mit,
wie die Jahre doch vergehn.

Sinn

Wie ich im Leben war und bin,
ich hatte stets Ziele, suchte aber des
Lebens Sinn.
Mit einem Ziel hörte es nicht auf,
das Leben nahm halt seinen Lauf.
Mit der Schule fing es gleich an,
als Ziel ein Abschluß und was dann?
Natürlich ein beruflich' Ziel,
der Möglichkeiten gab es viel.
Sollte ich vielleicht studieren,
Ziele stecken, nicht nur probieren.

So hatte ich mich durchgerungen,
ist manches auch nicht gleich gelungen,
doch mit Willen und Beharrlichkeit
dann war es eines Tages doch soweit.
Ein großes Ziel wurd' doch erreicht!
Auf Lorbeeren jedoch ruht man nicht,

jetzt hieß es dann, tue deine Pflicht.
Bei manchen ist dann Endstation,
was weiß man von dem Leben schon.
Man muß hinaus und etwas wagen,
nicht träumen wie in Kindertagen.
Der Horizont, der öffnet sich,
das Leben zeigt bald auch schon sein
Gesicht.

Bald denkst du nach, gehst zurück zum
Anbeginn,
was hat das Leben denn für einen Sinn?
Arbeiten, Essen, Trinken, Leben,
es muß doch noch was andres geben.
Du siehst nicht nur ein Ziel wie zum
Anbeginn,
du suchst jetzt nach des Lebens Sinn.

Wer kann dir helfen, wirst du sagen,
wen soll ich diesbezüglich fragen?
Also liest du nach bei Philosophen,
doch jeder sagt's in andren Strophen.
Zum Schluß sagen alle wie im Chor:
»Ich weiß, daß ich nichts weiß«, wie
kommst du dir vor?
Nun liest du nach in der Religion,
ob Buddha, Christen, Islam und andre wie
Mormon.
Man muß zwar glauben, das ist ja klar,
doch wo finde ich das »Shangri-La«?
Ich hab's gefunden in meinem Leben:
»Erfahrungen und Erkenntnisse weitergeben«!

Intuitionen

Der Mensch denkt, hat viele Wünsche,
er möchte dies, er möchte das.
Doch der Herrgott lenkt –
versteht doch das!

Der Lauf der Sterne ist auch bestimmt
von höherer Macht und ew'gen Gesetzen,
auch euer Weg ist vorherbestimmt,
wie wollt ihr diesen Plan ersetzen?

Doch euer Leben hat einen Sinn,
auch wenn ihr es oft nicht versteht.
Eure Aufgabe erfüllt nur gut,
wohin der Wind euch auch noch weht.

Wollt ihr mehr und gerne tun,
so bittet um Eingebung und Versteh'n.
Fortan sollt ihr nicht länger ruh'n
und euren Weg zu Ende gehn.

Die Kräfte der Natur

Die Kräfte der Natur sind trotz allem
beständig geblieben.
Wind, Wasser und magnetische Felder
beweisen der Menschheit Lügen.
Sie errichten wider die Natur eine falsche
Ordnung in ihren Ländern.
Die Kleinen wollen die höheren Mächte und
Gesetze ändern.

Augenscheinlich haben sie Erfolg und
bestimmen.
Doch für die Dauer werden sie nichts gewinnen.
So wie der Winter dem Frühling muß weichen,
so wird bald ihre künstliche Macht verbleichen.
Wer glaubt, die Natur läßt sich ständig betrügen,
der wird eines Tages in Schande erliegen.

Photographic mind

Ich blicke gen Süden mit geschlossenen Augen
gegen des Herbstes Sonnenstrahl.
Dort seh ich in leuchtenden, purpurnen Farben
besondere Bilder, groß ist ihre Zahl.

Auf viele Jahre blick ich zurück, seh viel des
Geschehns in meinen Gedanken,
Eindrücke des Lebens, wo auch immer ich war,
als Erinnerungen festgehalten.

Was andre als Gemälde lassen erstehn, rufe ich
in mein Gedächtnis zurück,
dieses kann ich »in Worte nur sehn«, das ist
für mich ein besonderes Glück!

Stille – Farben – Kräuterduft

Abseits vom Wege im trockenen Bach,
auf einem Fels sitzend, sinne ich nach;
versuche zu denken, zu meditieren:
Wohin soll dieses Leben noch führen?

Warten auf eine Intuition,
doch wo im Leben bekommt man sie schon?
Plötzlich wurd' ich hellwach und hielt inne,
ich hörte sie, es war die Stille.

Ja, wann hört man sie in dieser Zeit?
Sind wir noch für die Stille bereit?
Doch braucht man sie, um zu verstehn,
wie kann man sonst noch in sich gehn?

Die Sonne strahlte überm Wald
und tauchte ihn in güldnes Licht,
an den Felsen machte sie halt,
sonst sah man diese Farben nicht.

Alles nahm ich in mich auf,
Farbenpracht und auch die Stille,
nahm auch das Leben seinen Lauf,
hier am Bach hielt man mal stille.

Versunken saß ich hier allein,
ich roch der Pflanzen Kräuterduft,
wo konnte es noch besser sein
als in dieser klaren Luft?

Nun saß ich dort, ihr wißt es schon,
und hielt für eine Zeitlang inne,
wartend auf eine Intuition,
durch Meditieren und wache Sinne.

Hast Du auch mal Deine Probleme,
fehlt Dir zu irgendwas der Wille,
weißt Du dann, welchen Rat ich gebe:
»Suche die Farben, den Duft, die Stille!«

Heimat ist …

Heimat ist, wo man geboren ist. –
Heimat ist, wo man zufrieden ist.
Heimat ist oft auch im Exil,
Heimat ist viel!

Zuhause ist, wo alles heimisch ist
Zuhause ist oft die weite Welt.
Zuhause ist unser Kosmos.
Zuhause ist zu Haus!

Eine Seele hat der Mensch, die ist frei.
Seelen hatte Goethe, gleich zwei.
Einige Seelen hat der Kosmospolit.
Seelen – ob es sie wirklich gibt?

Ist alles am End' vielleicht nur ein Traum?
Leben wir gar nur in Zeit und Raum?
Der Himmel ist auch nicht mehr so nah,
wie er früher eigentlich mal war.

Schluckt uns das All, werden wir bestehn?
Wie wird es wirklich mit uns weitergehn?
Der Philosoph gibt zu, »daß er nichts weiß!« –
Deshalb denke ich nach und sage: »Was ich
nicht weiß, macht mich nicht heiß!« –

Land der tausend grünen Berge

Land der tausend grünen Berge,
grün vom Laub und Fichtenwald,
an dich denk ich in der Ferne,
an dich, schönes Sauerland.

Du mit deinen schönen Seen,
wo ich manches Mal verweilt,
und auf einsam stillen Höhen,
wo eine güld'ne Sonne scheint.

Ja, hier möcht ich ewig leben,
in der stillen Einsamkeit,
sehr viel würd ich dafür geben,
doch du liegst so weit, so weit.

Kehr ich einst zur Heimat wieder,
führt mein Weg mich in den Wald,
sing ich dann die alten Lieder,
in dem schönen Sauerland

Sehnsucht

Fern von Dir in der Einsamkeit
schlägt ein Herz in stiller Stunde.
Und ich wünschte einmal nur
noch ein Wort aus Deinem Munde.

Doch ich werd's wohl nie mehr hören,
trag ja selbst daran die Schuld.
Wie konnt' ich mich von Dir trennen
ohne einen guten Grund?

Nun zieht es mich durch die Welt,
durch die Wälder, Täler, Höh'n,
denn die inn're Unruh läßt mir
keine Zeit zum Stillesteh'n.

Grüner Brink

Zurück in die gute, alte Zeit, nach Warder und
Withüs, zum Rauschen der Wellen, mit dem Blick
auf den See.
Das Aufziehen der Wetter, mit Blitz und Donner,
beruhigend trotzdem, wie das Brechen der Wellen.
Schön war's vor langer Zeit, oder war es erst
gestern?
Nein, es ist heut.
Einmal noch alles erleben.
Wir haben's geschafft, sind wieder hier, wo alles
begann.
Erinnerungen und Bilder steigen auf wie die
Blasen im Moor, im Binnenland.
Ein friedliches Bild auf den Deichen. – Schafe
wie weiße Tupfen – Flocken.
Fauna und Flora abwechselungsreich, viel Farbe
ringsum, wir sahen es wieder nach endloser Zeit.
Ob in Ost und West, Nord und Süd in diesem weiten
Land – hinter den Deichen, alles war uns bekannt.
Heimweh nach Weite und Ruhe – wir sind da.
Verträumt sitzen wir im hohen Gras der Dünen, die
Füße im Sand.
Wir schließen die Augen und sehen doch. –
Auch sprechen wir nicht, die Gedanken sagen: »Weißt
du noch?« –
Die Ohren vernehmen die Stimmen der See, sie rufen
uns zu ihre ew'ge Melodie.
Das, was wir vernehmen, bringt die Zeiten zurück
wie eine Fahrt in Wonne und Glück.

Zu dieser Natur pur braucht man jedoch auch ein
bißchen Kultur.
So gingen wir spontan zu einem Candle-Light-Dinner –
wie in einem Traum.
An einem Tisch saßen wir dann, fast mitten im Saal.
Obwohl schon an Jahren, wie wir es waren,
        machte eine
Gesellschaft uns wieder jung, und das Echo
        des Lebens
brachte uns wieder in Schwung.
Wir waren von jungen Künstlern umgeben. –
        Sie waren
auf Reisen, sie erinnerten uns daran, wie wir selbst
einmal waren – vor Jahren.
Uns gegenüber saß gar ihr »Star«, wir kannten
        uns nicht,
alle konnten es sehn, daß wir uns auch ohne Worte
        verstehn.
Bald sprachen wir dort über dies und das, es machte
uns allen so richtigen Spaß.
Wir fühlten uns zur Gruppe hingezogen – ein
Schweigen hat uns alle doch nur betrogen.
Über das Leben sprachen wir auch, doch
        niemand wollte
zuviel drüber sagen, besonders von den
        vergangenen Jahren.
Wie es kommen mußte, es begann bald ein
        Schweigen, niemand
wollte sein »Inneres« zeigen.
Auf einmal schreckten wir auf wie im Traum –
        von dieser

Stille in diesem Raum.
Von unserem Star wünschten wir uns zum
      Abschluß ein Lied,
was auch geschah.
Wir vernahmen es so, als käm es von fern, doch dieses
hörten wir gar nicht gern.
Es war von den Königskindern, »das Wasser
      viel zu tief«,
man sah manche Träne, die über die Wangen lief.
Wir versprachen uns noch vor dem Auseinandergehn,
daß wir uns am nächsten Morgen noch wiedersehn.
Dieses sollte wohl beim Frühstück sein,
wir waren selbst dort – doch sehr, sehr allein.
In Gedanken gingen wir dann hinaus – die Episode
vorbei –
es war alles aus!
War es nur ein Traum, wir wußtens bald nicht, wir
zogen uns in die Stille zurück
mit einem traurigen und seltsamen Blick.
Da half kein Drehen am Fingerring, –
wir saßen still da – »am Grünen Brink«!

»Kanada – true«

Ist's ein Traum, ist's Wirklichkeit,
was ich jetzt sehe weit und breit –
oh Kanada!

Die Sonne steigt bald aus dem Meer,
weit draußen, vom Osten her –
oh Kanada!

Ein grüner Streif wird gold gekrönt,
wir werden nach langer Fahrt versöhnt –
oh Kanada!

Das Ufer kommt näher, Bonavista ist da,
dieses ist dein, jetzt auch mein Land –
oh Kanada!

Der Strom öffnet das Land, ergießt sich ins Meer,
fern aus dem Westen, da kommt er wohl her –
oh Kanada!

Im Hintergrund liegt dunkles Grün,
wir sehn silberne Schlangen in der Sonne erglühn –
oh Kanada!

Wolkenschleier ziehn gleich einer Fahne.
Eine Perlenkette liegt im gewaltigen Strom,
die »Tausend Inseln«, sie grüßen schon –
oh Kanada!

Ein Regenbogen der »Großen Fälle«
lädt uns zu einer Reise ein,
er donnert herab zu den großen Seen
und ins weite Land hinein –
oh Kanada!

In der Wildnis, bis in die hohe Arktis hinauf,
sind noch immer Bär, »Moos« und Ren zu Haus –
oh Kanada!

Im Westen die »Plains« leuchten unendlich weit,
im Norden einsame »unendliche« Einsamkeit –
oh Kanada!

Die Rocky's versperren den weiteren Weg,
wir überwinden sie über Pfad und Steg,
hier lebt der »Sasquatch«, wie sieht er wohl aus?
Ich sah ein zottiges Fell – eine Schneeziege war's nur,
stellte sich bald heraus –
oh Kanada!

Über »Summerland«, das auch im Winter so heißt,
geht es weiter, sehn weit im Westen das Meer,
wie es schimmert und gleißt –
oh Kanada!

Victoria kommt dann auch später in Sicht,
es heißt doch wohl »Sieg«, ich irre mich nicht –
oh Kanada!

Noch einmal soll's in den Norden gehn,
der »Whistler« pfeift, den solltet ihr sehn –
oh Kanada!

Dort leben noch Sklaven – Bären frei im eigenen See,
der Abschied von hier tut besonders weh –
oh Kanada!

Im Klondike dort oben soll ein Goldschatz liegen,
für Menschen, die sich gern selbst betrügen –
oh Kanada!

Der Schatz, ist jedoch, wie ich's sah, dein Land,
wie ich's auf der langen Reise vorfand –
oh Kanada!

Ehe die Sonne wieder ins Meer versinkt,
sing ich dein Lied – über die Wellen erklingt's –
oh Kanada!

»Ja, das ist dein Land,
aber auch mein Land,
von Bonavista bis Vancouver Island.
Vom Polarkreis
bis zu den großen Seen –
dieses Land ist für dich und mich gemacht!«

Bavaria

Berge, Wälder, Felder, Seen, wo kann man
dieses sonst noch sehen?
Alles in Eintracht, gut beieinand, das
findest du hier im Bayernland.

Ich kenne die Heimat und viel von der Welt,
dieses Land ist es, was mir so gefällt.

Hier fühlt sich ein jeder fast gleich wie zu Haus,
zieht er eines Tags in die Welt mal hinaus.

Nicht jeder, wer's möcht, findet hier sein Glück,
viele müssen ins Land ihrer Väter zurück.

Doch wiederkommen wird ein jeder einmal
und wenn's nur zum Wandern ist, über Berg und Tal.

Ammer – Zonien

Schwalben jagen über Schilf und Weiden,
der See plätschert leis.
Der Wind streichelt weich wie Samt und Seiden.
Blau ist der Himmel, die Wolken weiß.

Farbenruhe, sattes Grün, weißblauer Himmel,
Möwen schweben über den See, aus Wolken
werden weiße Schimmel.

Die Bilder nah, die Gedanken weit, viele
Jahre sind vergangen.
Wie schnell vergeht doch unsre Zeit, sie
hält uns allesamt gefangen.

Was brauch ich Hab und Gut und Geld, so
wird's in Liedern oft gesungen,
ich sah auch vieles von der Welt, viele
Strophen sind verklungen.

Ich sah zwar nicht mehr Amazonien, wie ich
es mir mal ausgedacht,
dafür fand ich den Ammersee, und das hat mir
nichts ausgemacht.

… da ist meine Heimat …

Wir segeln nach Europa
über den Fehmarnsund,
sehen den Strand »Nirwana«,
gelbe Blumen im Hintergrund.
Wandernd geht's durchs weite Land
vorbei an Wäldern und Seen,
von der Ostsee zur »Waterkant«:
Oh, Deutschland, wie bist Du schön.

Ein Donnern grollt, es kommt weit her,
ist's hinter dem Deich oder am Strand?
Wir sind nahe der »Stadt am Meer«,
der Sturm schlägt die Wellen fast ans Land.
Die Möwen ziehen hinaus ins Watt,
die Sonne verglüht im Untergehn,
der Fischer »snakt« in nordisch Platt:
Oh, Deutschland, wie bist Du schön!

Blauer Mond

Du träumtest oft vom »Blauen Mond«,
der über uns in der Ewigkeit wohnt.
Wir beobachteten ihn oft in der Vollmondzeit,
in den »letzten Tagen« war es wieder soweit.
Träume werden manchmal wahr,
wie es nun wieder einmal geschah.
Nun bist du ihm tatsächlich nah,
auf immer und ewig, immerdar!

Ich kann in dieser Hinsicht nur hoffen,
doch wann, diese Frage ist für mich offen.
Ich wünsche es mir, so wie du,
nun schaue ich von jetzt an immer zu.
Von hier unten macht alles nicht mehr viel Sinn,
es wird erst besser, wenn ich bei dir bin.

Wenn der Mond dann gen Morgen schlafen geht
und die Bläue des Himmels langsam verweht,
dann schiebt sich über den Bergen ein glühender Ball,
die Sonne, glutrot, kommt aus dem All.
Sinnend beobachte ich nun auch sie,
doch mir scheint es fremd, ich weiß nicht wie. –
Vielleicht siehst du es anders, von oben aus,
bestimmt ist's viel schöner, wenn du herunterschaust .

Von dieser Warte möchte ich es auch sehn,
wieviel Zeit muß bis dahin wirklich vergehn?
Es wäre schön in der Ewigkeit,
wir sehen es beide gemeinsam, bis zum Ende der Zeit!

März 2003

Näher!

Eine Million Meter war ich von Dir fort,
nun bin ich Dir nahe an diesem Ort.

Ich war, viel zu lang ist's her,
nicht mehr dort.

Vom Ufer schau ich jetzt auf das Meer,
ist es wirklich solange schon her?

Mir ist es, als wenn's Jahre schon wär'n!

Die Wellen kommen auf mich zu,
von Ferne her, vom Platz der Ruh.

Wo ich jetzt bin, da bist auch Du!

In Gedanken und in Wirklichkeit,
ist's bis zu Deinem Ort nicht weit.

Niemand stört uns jetzt, weit und breit.

Bilder tauchen auf »im Raum«,
ist es vielleicht doch nur ein Traum?

Ich seh alles klar, man glaubt es kaum!

Ich will auch nicht mehr zurück,
will halten nur das »Große Glück.«

Es will nicht gelingen, nicht ein Stück.

Du mußt noch warten, noch ist's nicht soweit,
diese Stimme kenn ich, sie kommt aus der Ewigkeit,
Alles im Leben hat seine Zeit.

Glaube – Hoffnung – Liebe

Mit dem Kreuz will ich bezeugen,
daß ich fest im Glauben steh.
Vor Dir will ich mich verbeugen,
wo ich Dich auch immer seh.

Mein Bekenntnis zu Dir soll
allen Menschen Hoffnung geben.
Ist das Maß auch manchmal voll,
doch so ist's nun mal im Leben.

Jeder hat sein eignes Leid,
dieses muß er selber tragen.
Ist der Weg auch manchmal weit,
nimm es hin, ohne zu klagen.

Trag auch mal des andren Last,
es hilft auch ein bißchen schon.
Wenn Du auch selbst zu tragen hast,
vielleicht erhältst Du Gottes Lohn.

Sei Optimist!

Im Leben geht manch Wunsch daneben.
Manchmal sieht es auch trübe aus.
Jeder wird es mal erleben.
Aber mach Dir nichts daraus!

Aus Fehlern kannst Du lernen.
Wirst so manches Lehrgeld zahlen.
Mußt allen Ballast entfernen.
Das befreit Dich von den Qualen.

Zum Erfolg brauchst Du Geduld.
Das Unmögliche mußt Du wollen.
Lebe nicht in Furcht und Schuld.

Wirst das Mögliche bekommen.
Sei beharrlich auch im Tief.
Du kommst eines Tags heraus.
Denn die Geister, die man rief,
verlassen dann das alte Haus.

Eine Chance gibt's immer wieder.
Alles wird wieder normal.
Dann singst Du die alten Lieder.
Und Du denkst: Es war einmal!

Arnold Schwarz, am 06. 10. 1930 in Hamm, Westfalen geboren, deutscher Staatsbürger.

Auf Umwegen, Kanada (zehn Jahre), Baden-Württemberg, Bayern, in Friedrichstadt, Nordfriesland seßhaft geworden.

Volksschul- und Fachschulabschluß. Langjährig im Sicherheitsdienst in der Wirtschaft, Industrie, Bundeswehr (Feldjäger) und, in den letzten zehn Jahren vor dem Ruhestand, in einem Nato-Projekt (militärische Luftfahrt) als »Security-Officer« tätig.

Passion: Schreiben von Gedichten, Kurzgeschichten, Berichten